AF219249

Impressum
Verlag: BABADADA GmbH, Nedderfeld 112 , 22529 Hamburg
Geschäftsführer / Verlagsleitung: Harald Hof
Druck: Books on Demand GmbH, In de Tarpen 42, 22848 Norderstedt

Imprint
Publisher: BABADADA GmbH, Nedderfeld 112 , 22529 Hamburg, Germany
Managing Director / Publishing direction: Harald Hof
Print: Books on Demand GmbH, In de Tarpen 42, 22848 Norderstedt

1

colegio
학교

dividir
나누다

186/2

pizarrón
칠판

aula
교실

patio de escuela
학교 운동장

maestro
교사

papel
종이

escribir
쓰다

birome
펜

escritorio
책상

regla
자

libro
책

alumno
학생

mochila

책가방

caja de lápices

필통

lápiz

연필

sacapuntas

연필깎이

goma (de borrar)

지우개

bloc de dibujo

스케치북

dibujo

그림

pincel

붓

caja de pinturas

그림물감 통

tijera

가위

pegamento

풀

cuaderno de ejercicios

연습장

tarea

숙제

número

숫자

sumar

더하다

restar

빼다

multiplicar

곱하다

calcular

계산 하다

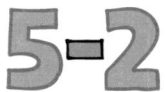

letra

글자

abecedario

알파벳

palabra

낱말

texto

텍스트

leer

읽다

tiza

분필

lección

수업시간

cuaderno de clase

출석부

examen

시험

certificado

증명서

uniforme escolar

교복

educación

교육

enciclopedia

백과사전

universidad

대학교

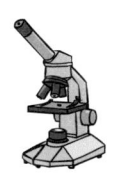

microscopio

현미경

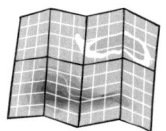

mapa

지도

tacho (de basura)

휴지통

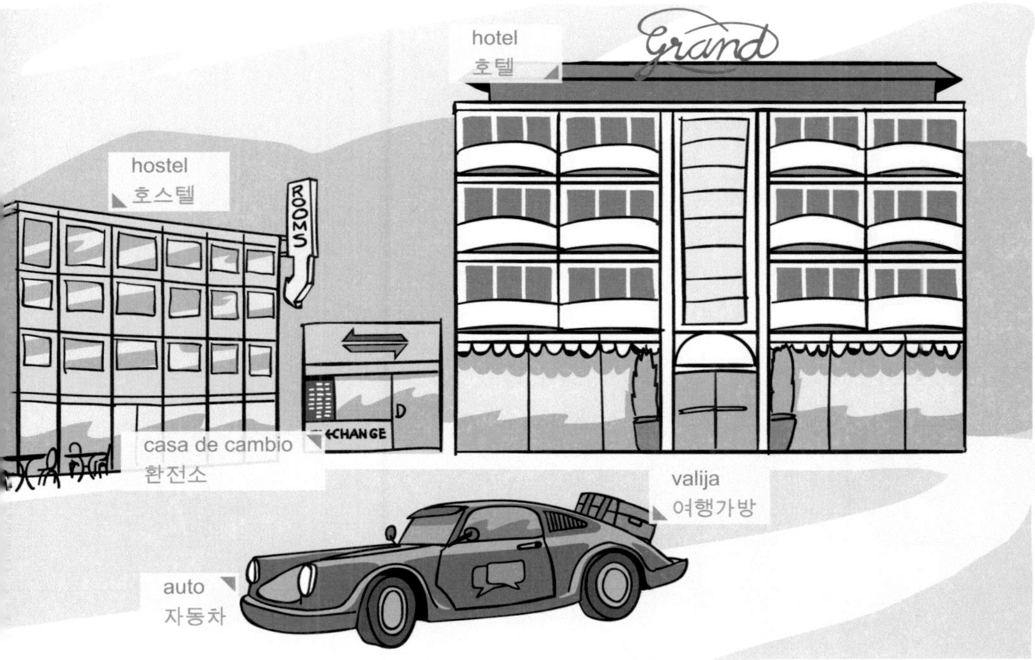

hotel
호텔
Grand
hostel
호스텔
ROOMS
EXCHANGE
casa de cambio
환전소
valija
여행가방
auto
자동차

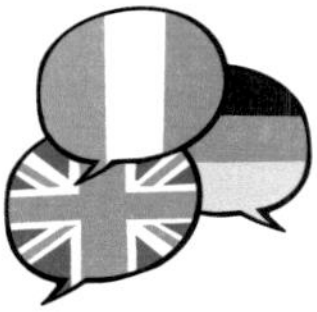

idioma

언어

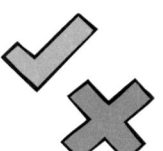

sí / no

예 / 아니오

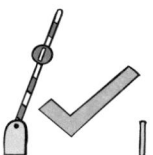

Está bien

좋아

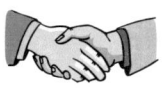

hola

안녕

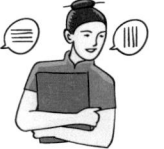

traductor

번역가

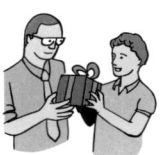

Gracias

고마워, 고마워요

¿cuánto cuesta…?

... 얼마입니까?

No entiendo

나는 이해하지 못합니다

problema

문제

¡Buenas tardes!

안녕하세요!

¡Buenos días!

안녕하세요!

¡Buenas noches!

잘자요!

adiós

또 만나요

dirección

방향

equipaje

수하물

bolso

가방

mochila

배낭

invitado

손님

habitación

방

bolsa de dormir

침낭

carpa

텐트

información turística

여행 안내

playa

해변

tarjeta de crécito

신용카드

desayuno

아침식사

almuerzo

점심식사

cena

저녁식사

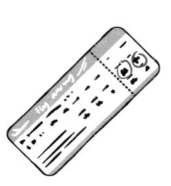

pasaje

승차권

ascensor

승강기

sello

우표

frontera

경계

aduana

세관

embajada

대사관

visa

비자

pasaporte

여권

transporte
운반

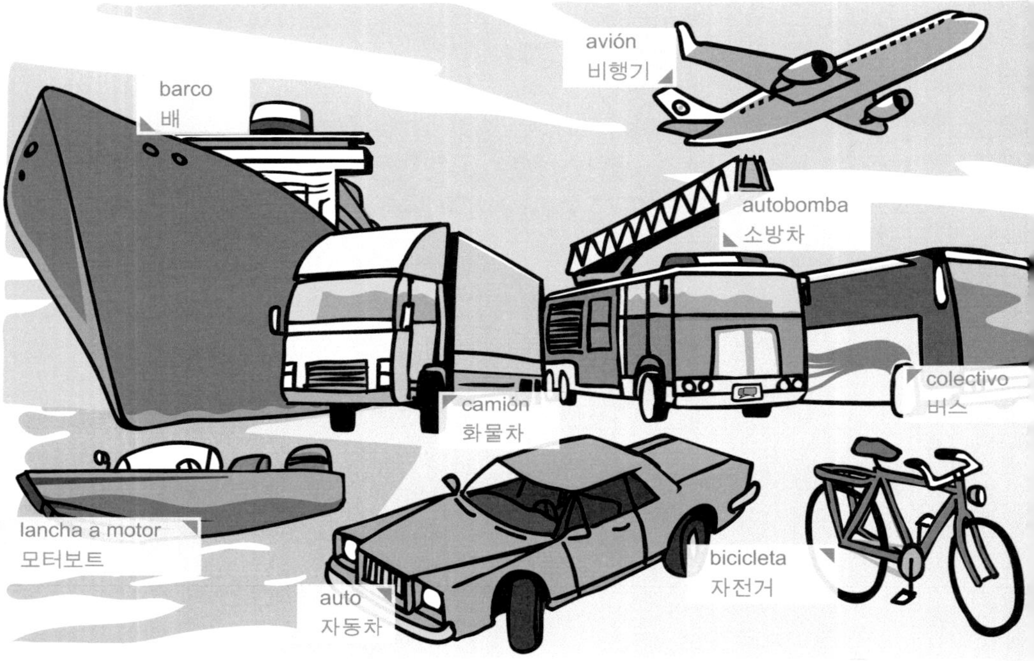

avión
비행기

barco
배

autobomba
소방차

colectivo
버스

camión
화물차

lancha a motor
모터보트

bicicleta
자전거

auto
자동차

ferry
페리

bote
보트

moto
오토바이

patrullero
경찰차

auto de carreras
경주차

auto de alquiler
렌트카

alquiler de autos

카셰어링

grúa

견인차

camión de basura

쓰레기차

motor

모터

nafta

연료

estación de servicic

주유소

señal de tránsito

교통 표지

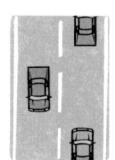

tránsito

교통

embotellamiento

교통 정체

estacionamiento

주차장

estación de tren

기차역

vías

트랙터

tren

기차

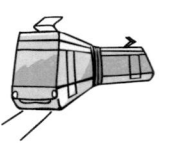

tranvía

전차

vagón

객차

helicóptero

헬리콥터

aeropuerto

공항

torre

타워

pasajero

승객

contenedor

컨테이너

caja de cartón

상자

carretilla

카트

canasta

바구니

despegar / aterrizar

출발하다 / 도착하다

ciudad
도시

pueblo

마을

centro de ciudad

도심

casa

집

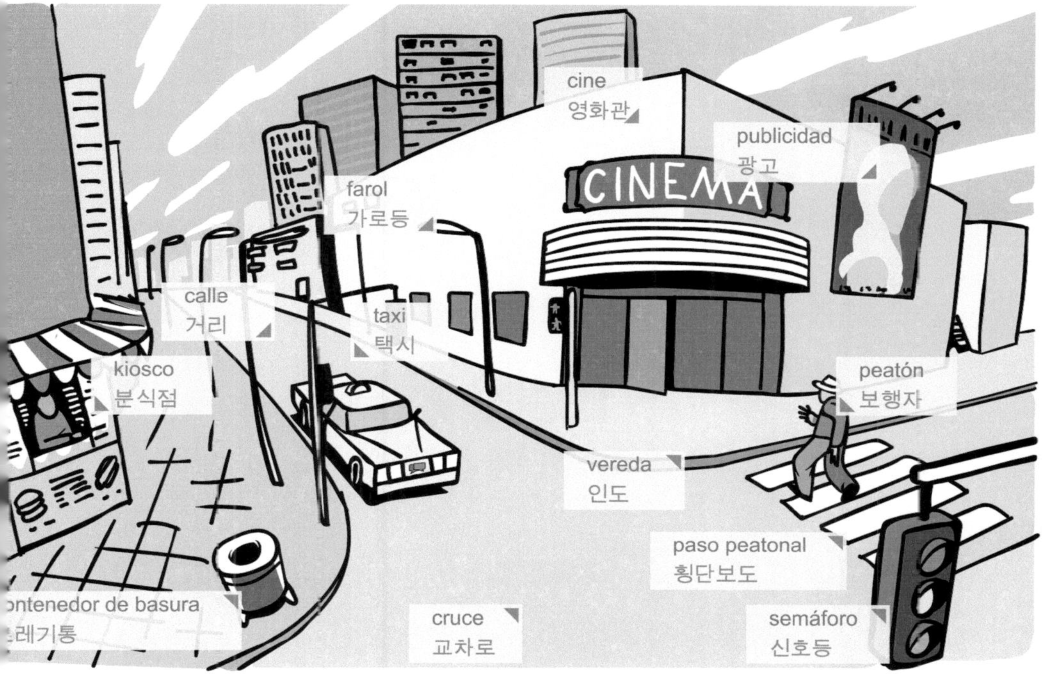

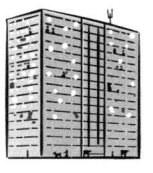

cine
영화관
publicidad
광고
CINEMA
farol
가로등
calle
거리
taxi
택시
kiosco
분식점
peatón
보행자
vereda
인도
paso peatonal
횡단보도
ontenedor de basura
레기통
cruce
교차로
semáforo
신호등

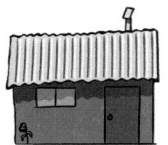

cabaña

오두막

departamento

주택

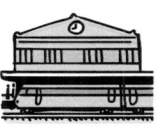

estación de tren

기차역

municipalidad

시청

MUSEUM

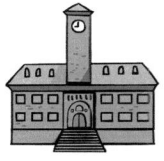

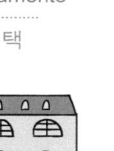

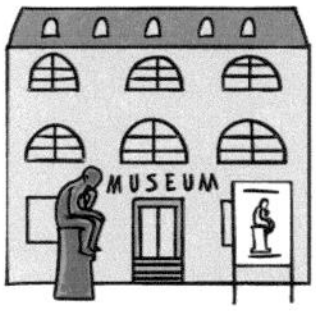

museo

박물관

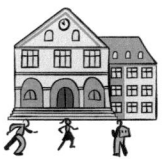

colegio

학교

universidad

대학교

banco

은행

hospital

병원

hotel

호텔

farmacia

약국

oficina

사무실

librería

서점

negocio

상점

florería

꽃가게

supermercado

수퍼마켓

mercado

시장

grandes tiendas

백화점

pescadería

생선가게

centro comercial

쇼핑 센터

puerto

항구

parque

공원

banco

벤치

puente

다리

escaleras

계단

subte

지하철

túnel

터널

parada del colectivo

버스 정류장

bar

바

restaurante

레스토랑

buzón

우체통

letrero

도로 표지판

parquímetrɔ

주차료 징수기

zoológico

동물원

pileta

수영장

mezquita

모스크 사원

granja

농장

contaminación

환경오염

cementerio

공동묘지

iglesia

교회

juegos infantiles

놀이터

templo

절

paisaje
풍경

hoja
잎

poste indicador
이정표

camino
길

pradera
초원

piedra
돌

árbol
나무

excursionista
도보여행자

río
강

hierba
잔디

flor
꽃

valle

계곡

montaña

산

lago

호수

bosque

숲

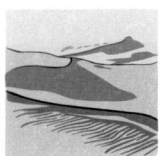

desierto

사막

volcán

화산

castillo

성

arco iris

무지개

champiñón

버섯

palmera

야자나무

mosquito

모기

mosca

파리

hormiga

개미

abeja

벌

araña

거미

escarabajo

딱정벌레

rana

개구리

ardilla

다람쥐

erizo

고슴도치

liebre

토끼

lechuza

부엉이

pájaro

새

cisne

백조

jabalí

맷돼지

ciervo

사슴

alce

순록

presa

댐

aerogenerador

풍력 터빈

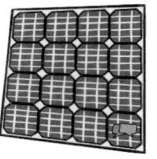

panel solar

태양광 전지판

clima

기후

restaurante
레스토랑

mozo
웨이터
menú
메뉴
silla
의자
sopa
수프
pizza
피자
cubiertos
수저
mantel
테이블보

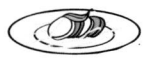

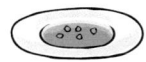

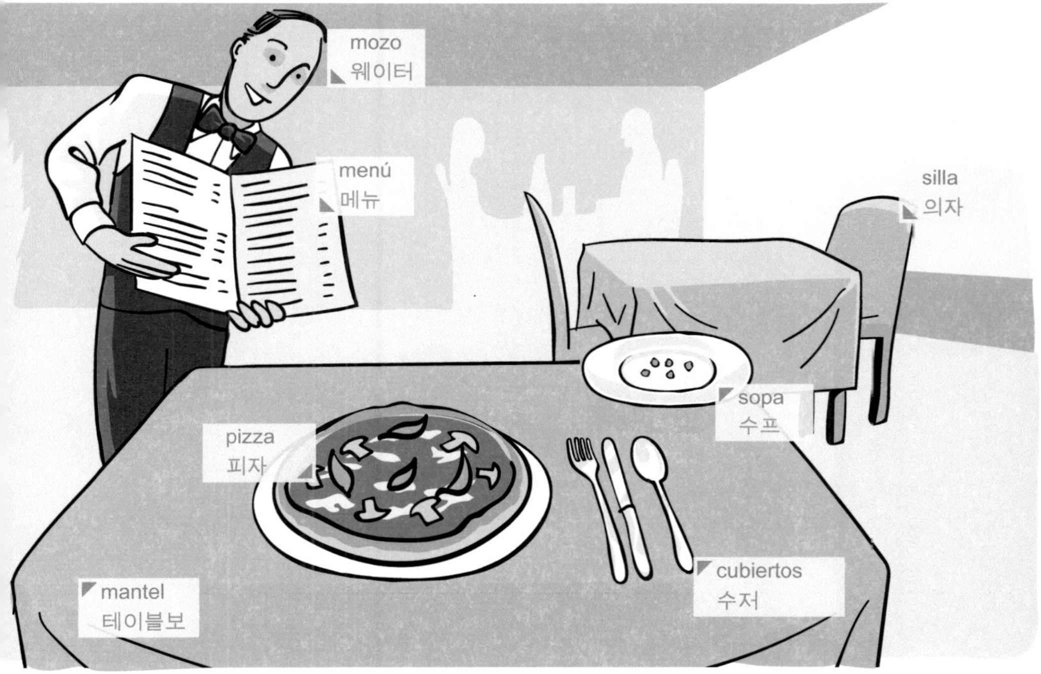

entrada
전채요리

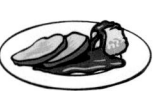

plato principal
주요리

postre
후식

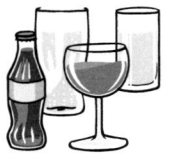

bebidas
음료수

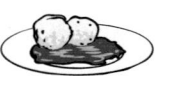

comida
음식

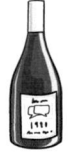

botella
병

comida rápida

인스턴트 식품

comida callejera

길거리음식

tetera

찻주전자

azucarera

설탕통

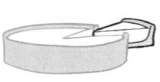

porción

인분

cafetera expreso

에스프레소 머신

sillita alta

높은 의자

cuenta

계산서

bandeja

쟁반

cuchillo

칼

tenedor

포크

cuchara

숟가락

cucharita

찻숟가락

servilleta

냅킨

vaso

유리잔

plato

접시

plato hondo

수프 그릇

plato

컵 받침

salsa

소스

salero

소금통

molinillo de pimienta

후추통

vinagre

식초

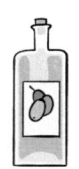

aceite

기름

especias

양념

kétchup

케첩

mostaza

겨자

mayonesa

마요네즈

supermercado
수퍼마켓

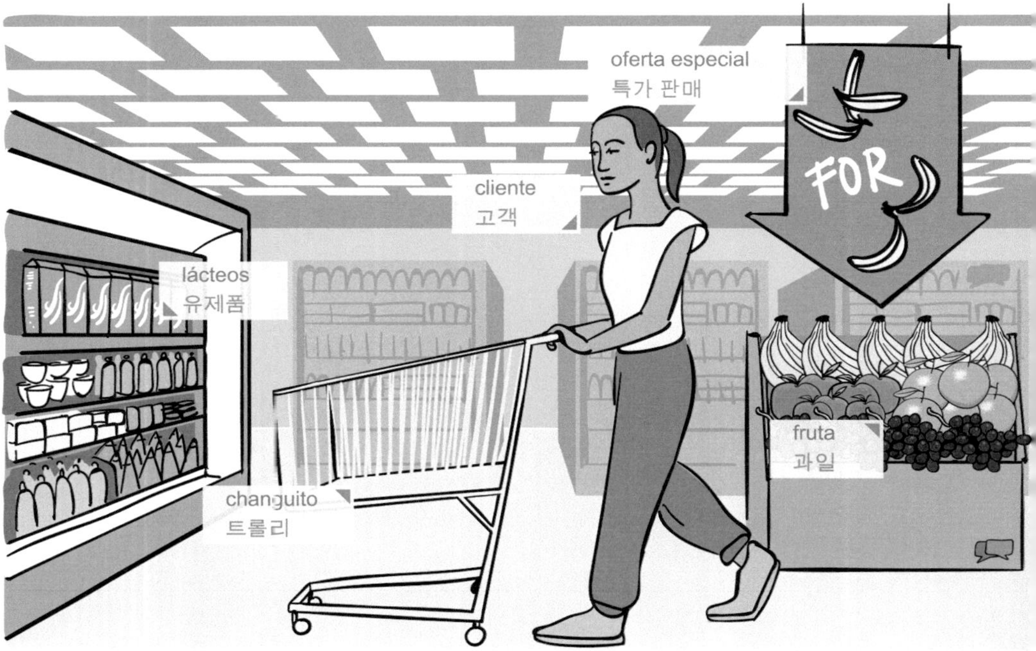

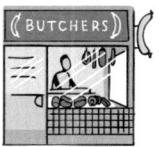

oferta especial
특가 판매
FOR
cliente
고객
lácteos
유제품
fruta
과일
changuito
트롤리

BUTCHERS

carnicería

정육점

BAKERY

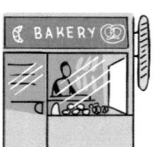

panadería

빵집

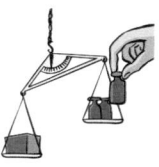

pesar

무게가 나가다

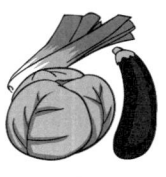

verduras

채소

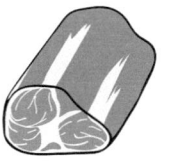

carne

고기

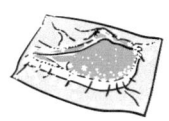

alimentos congelados

냉동식품

fiambres

냉육

alimentos enlatados

통조림

detergente en polvo

가루 세제

golosinas

달콤한 간식

electrodomésticos

가정용품

productos de limpieza

세척제

vendedora

판매원

caja

계산대

cajero

계산원

lista de compras

구매목록

horario de atención

문 여는 시간

billetera

지갑

tarjeta de crédito

신용카드

cartera

가방

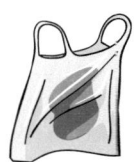

bolsa de plástico

비닐 봉투

bebidas
음료수

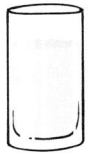

agua

물

jugo

주스

leche

우유

bebida cola

콜라

vino

와인

cerveza

맥주

alcohol

술

cacao

카카오

té

차고

café

커피

café expreso

에스프레소

cappuccino

카푸치노

banana

바나나

manzana

사과

naranja

오렌지

melón

수박

limón

레몬

zanahoria

당근

ajo

마늘

bambú

대나무

cebolla

양파

champiñón

버섯

nueces

견과류

fideos

국수

tallarines

스파게티

arroz

쌀

ensalada

샐러드

papas fritas

감자칩

papas fritas

감자튀김

pizza

피자

hamburguesa

햄버거

sándwich

샌드위치

churrasco

커틀렛

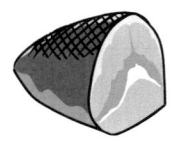

jamón

햄

salame

살라미

salchicha

소시지

pollo

닭

asado

구이

pescado

생선

copos de avena

오트밀

muesli

뮤슬리

copos de maíz

콘플레이크

harina

밀가루

medialuna

크루아상

pancito

롤빵

pan

빵

tostada

토스트

galletitas

비스킷

manteca

버터

cuajada

응유

torta

케이크

huevo

달걀

huevo frito

계란 후라이

queso

치즈

helado

아이스크림

azúcar

설탕

miel

꿀

mermelada

잼

pasta de chocolate

누가 크림

curry

카레

granja
농장

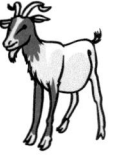

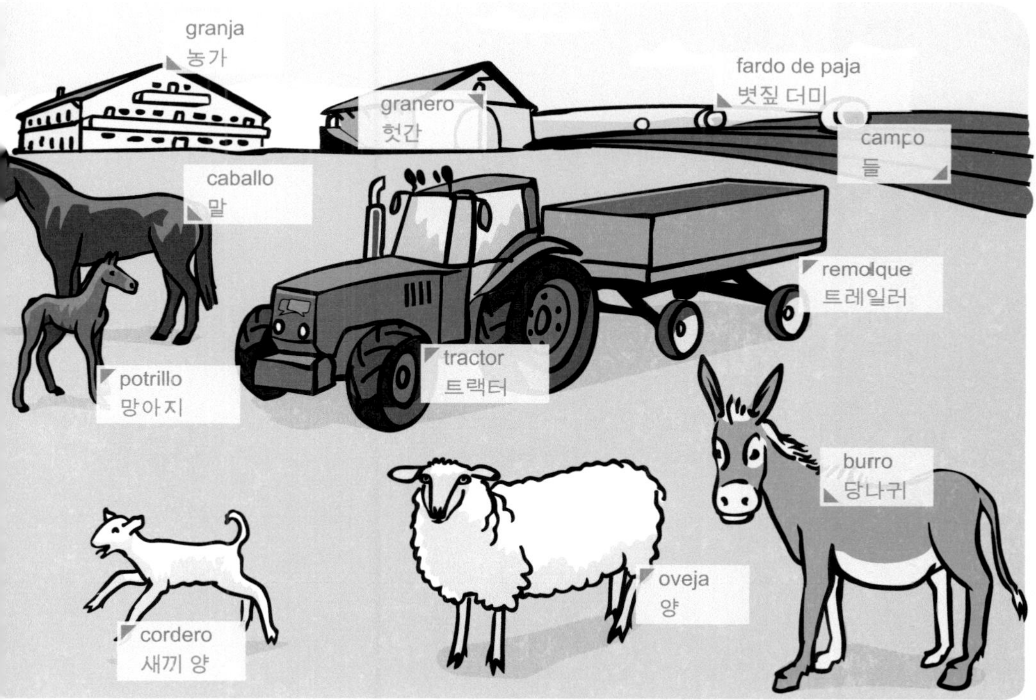
granja
농가
granero
헛간
fardo de paja
볏짚 더미
campo
들
caballo
말
remolque
트레일러
tractor
트랙터
potrillo
망아지
burro
당나귀
oveja
양
cordero
새끼 양

cabra

염소

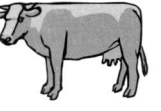

vaca

암소

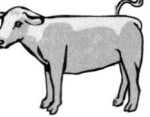

ternero

송아지

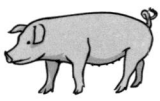

cerdo

돼지

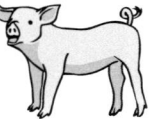

lechón

새끼 돼지

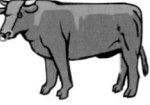

toro

황소

ganso

거위

pato

오리

pollo

병아리

gallina

암탉

gallo

수탉

rata

쥐

gato

고양이

ratón

생쥐

buey

황소

perro

개

cucha

개집

manguera

정원용 호스

regadera

물뿌리개

guadaña

큰 낫

arado

쟁기

hoz

낫

azada

괭이

horquilla

쇠스랑

hacha

도끼

carretilla

외바퀴 손수레

abrevadero

여물통

lechera

우유 캔

bolsa

부대

reja

울타리

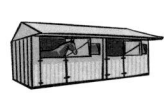

establo

축사

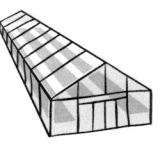

invernadero

비닐하우스

suelo

땅

semilla

씨앗

fertilizador

거름

cosechadora

콤바인

cosechar

수확하다

cosecha

수확

batatas

참마

trigo

밀

soja

콩

papa

감자

maíz

옥수수

semilla de colza

유채씨

árbol frutal

과일나무

mandioca

카사바

cereales

곡식

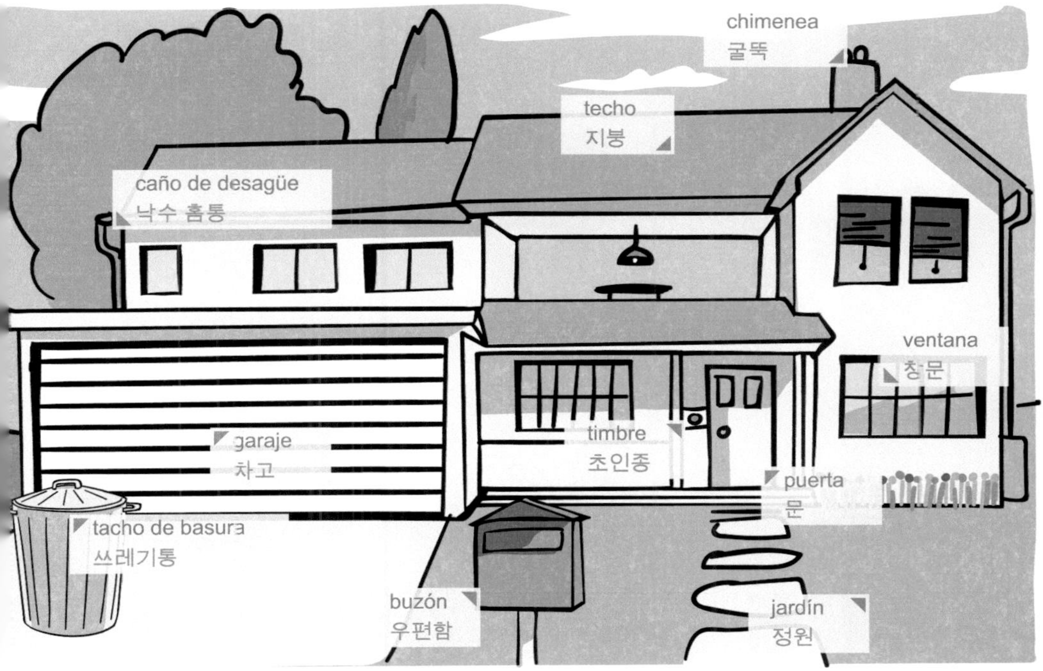

chimenea
굴뚝

techo
지붕

caño de desagüe
낙수 홈통

garaje
차고

timbre
초인종

ventana
창문

puerta
문

tacho de basura
쓰레기통

buzón
우편함

jardín
정원

living
응접실

baño
욕실

cocina
부엌

dormitorio
침실

cuarto de los chicos
아이들 방

comedor
식사실

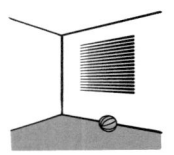

piso

바닥

pared

벽

cielorraso

천장

sótano

지하실

sauna

사우나

balcón

발코니

terraza

테라스

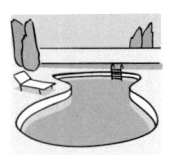

pileta

수영장

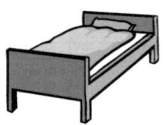

cortadora de pasto

잔디 깎는 기계

sábana

침대 시트

acolchado

이불

cama

침대

escoba

빗자루

balde

양동이

interruptor

스위치

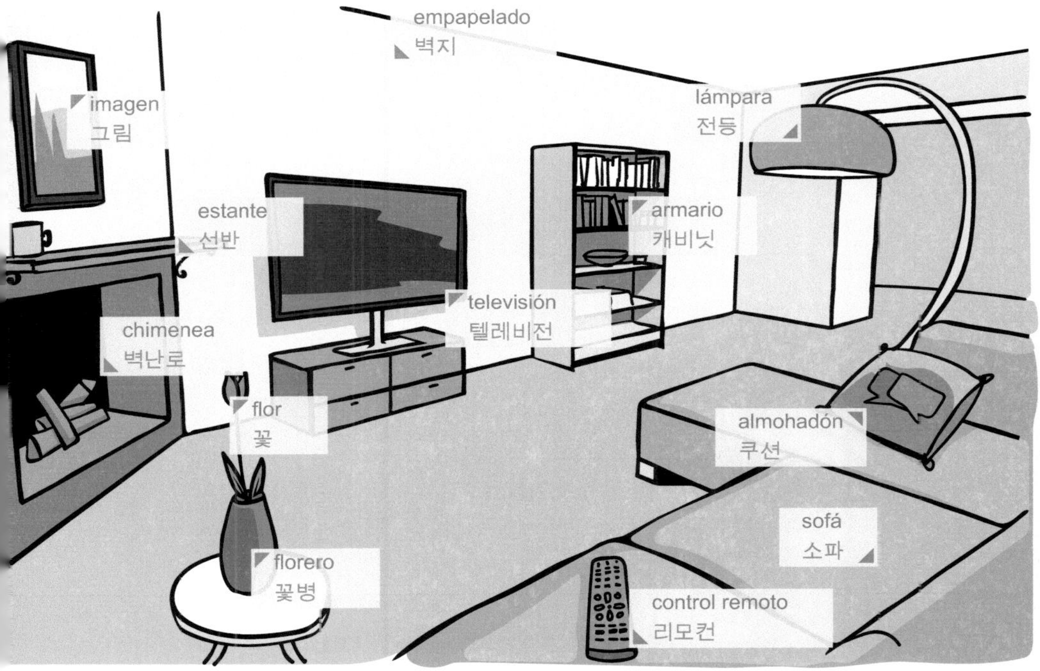

empapelado
벽지

imagen
그림

lámpara
전등

estante
선반

armario
캐비닛

chimenea
벽난로

televisión
텔레비전

flor
꽃

almohadón
쿠션

sofá
소파

florero
꽃병

control remoto
리모컨

alfombra
카페트

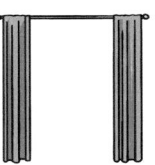

cortina
커튼

mesa
탁자

silla
의자

mecedora
흔들의자

sillón
안락의자

libro

책

frazada

담요

decoración

장식

leña

땔감나무

película

영화

equipo de música

하이파이 기기

llave

열쇠

diario

신문

pintura

회화

póster

포스터

radio

라디오

cuaderno

노트

aspiradora

진공청소기

cactus

선인장

vela

초

cocina
부엌

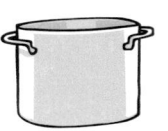

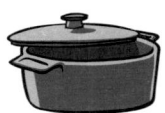

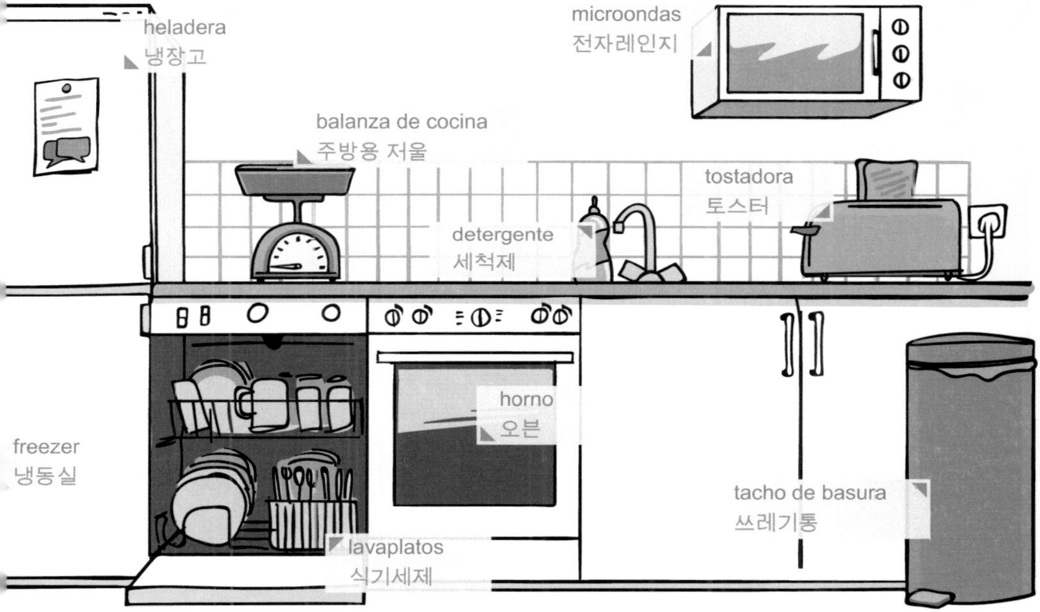
heladera
냉장고
microondas
전자레인지
balanza de cocina
주방용 저울
tostadora
토스터
detergente
세척제
horno
오븐
freezer
냉동실
tacho de basura
쓰레기통
lavaplatos
식기세제

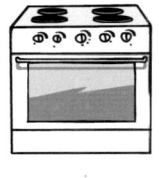

cocina

쿠커

olla

냄비

olla de hierro fundido

주철 냄비

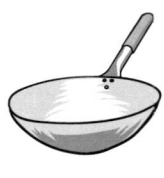

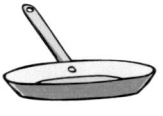

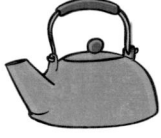

wok

웍 / 카다이 냄비

sartén

프라이팬

pava

주전자

vaporera

찜기

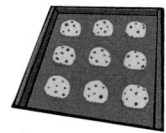

bandeja de horno

오븐 구이용 쟁반

vajilla

그릇

taza

머그

bol

양푼이

palitos

젓가락

cucharón

국자

estpátula

주걱

batidora

거품기

colador

여과기

colador

체

rallador

강판

mortero

절구

parrilla

바베큐

fogata

화덕

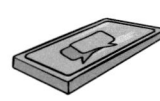

tabla de picar

도마

palo de amasar

밀방망이

sacacorchcs

코르크 병따개

lata

캔

abrelatas

캔 따개

manopla

냄비 받침

pileta

개수대

cepillo

솔

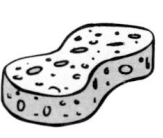

esponja

수세미

batidora

블렌더

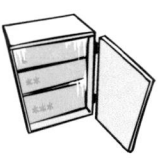

congelador

냉동고

mamadera

젖병

canilla

수도꼭지

cocina - 부엌 37

baño
욕실

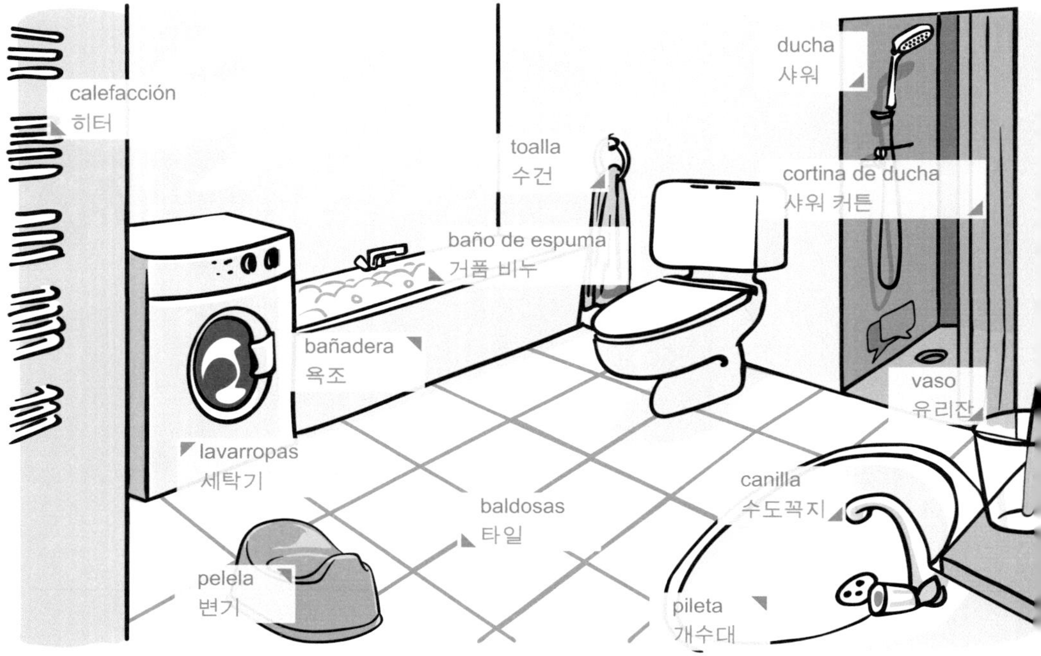

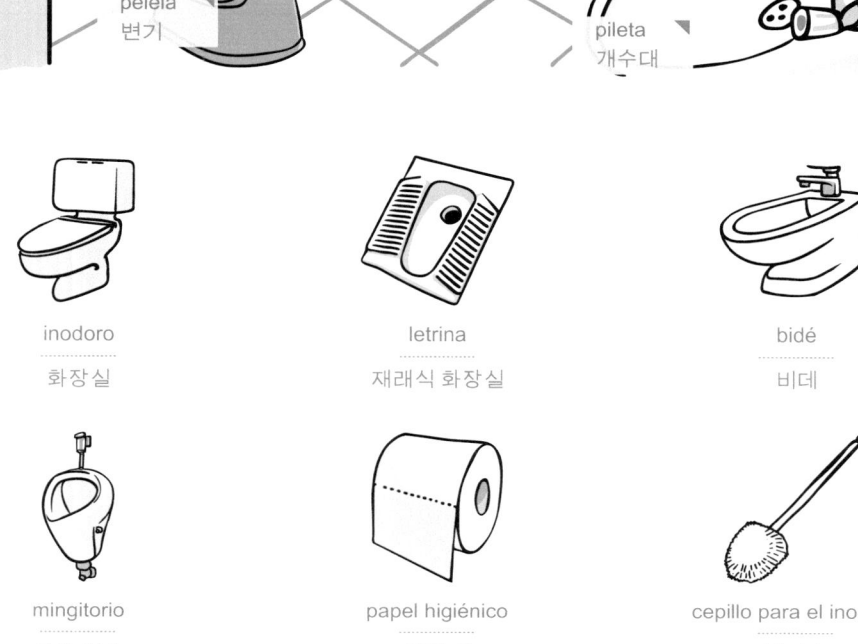

calefacción
히터

ducha
샤워

toalla
수건

cortina de ducha
샤워 커튼

baño de espuma
거품 비누

bañadera
욕조

vaso
유리잔

lavarropas
세탁기

canilla
수도꼭지

baldosas
타일

pelela
변기

pileta
개수대

inodoro
화장실

letrina
재래식 화장실

bidé
비데

mingitorio
공중 변소

papel higiénico
화장지

cepillo para el inodoro
변기솔

cepillo de dientes

치솔

dentífrico

치약

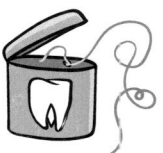

hilo dental

치실

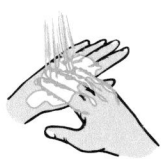

lavar

씻다

ducha de mano

샤워기

ducha higiénica

질 세척제

palangana

대야

cepillo para espalda

등밀이솔

jabón

비누

gel de ducha

샤워 젤

shampoo

샴푸

toallita

물걸레

desagüe

배수관

crema

크림

desodorante

체취 제거제

espejo

거울

espejito

휴대용 거울

maquinita de afeitar

면도기

espuma de afeitar

면도 거품

aftershave

에프터쉐이브

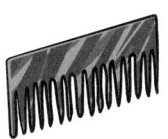

peine

빗

cepillo

솔

secador de pelo

헤어드라이기

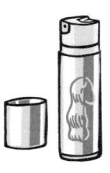

spray

헤어스프레이

maquillaje

메이크업

lápiz de labios

립스틱

esmalte para uñas

손톱깎이

algodón

면 솜

tijera para uñas

손톱

perfume

향수

portacosméticos

세면도구 주머니

banqueta

스툴

balanza

저울

bata

목욕 가운

guantes de goma

고무 장갑

tampón

탐폰

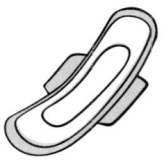

toallita femenina

생리대

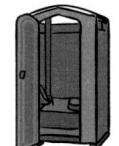

baño químico

화학 화장실

cuarto de los chicos
아이들 방

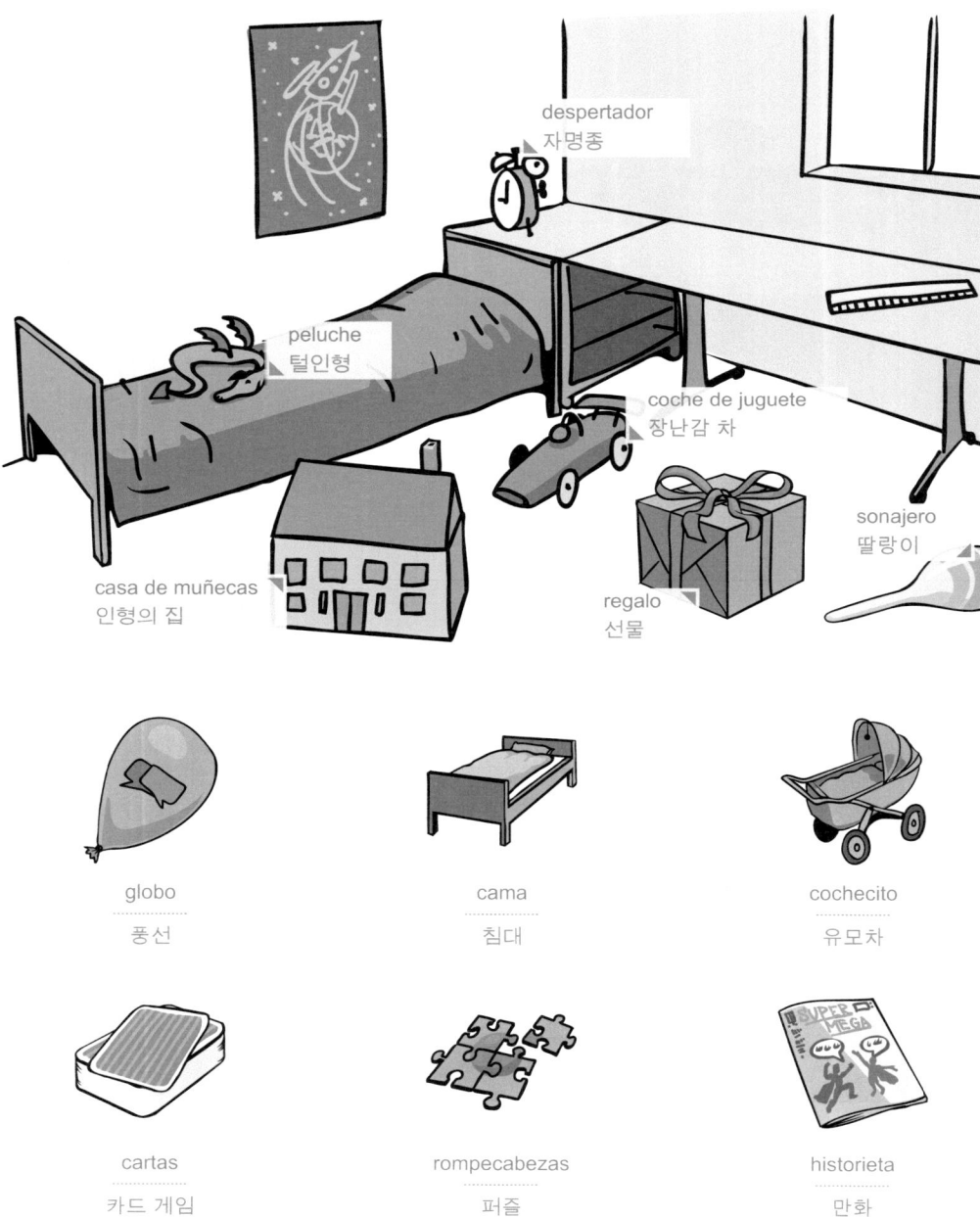

despertador
자명종

peluche
털인형

coche de juguete
장난감 차

sonajero
딸랑이

casa de muñecas
인형의 집

regalo
선물

globo
풍선

cama
침대

cochecito
유모차

cartas
카드 게임

rompecabezas
퍼즐

historieta
만화

piezas de lego

레고

ladrillos de juguete

장난감 블럭

figura de acción

액션 캐릭터

enterito (de bebé)

베이비 그로

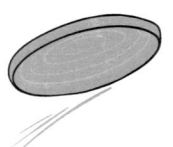

frisbee

프리스비

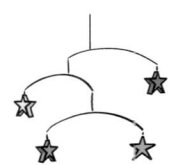

móvil para bebés

모빌

juego de mesa

보드 게임

dados

주사위

tren eléctrico

기차 모형 세트

chupete

노리개 젖꼭지

fiesta

파티

libro de cuentos ilustrado

그림책

pelota

공

muñeca

인형

jugar

놀다

arenero

모래상자

hamaca

그네

juguetes

장난감

consola de videojuegos

비디오 게임 콘솔

triciclo

세바퀴자전거

osito de peluche

곰인형

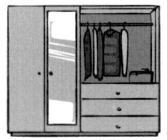

armario

옷장

ropa

의복

medias

양말

medias panty

스타킹

calzas

스타킹

bufanda
스카프

paraguas
우산

cinturón
허리띠

remera
티셔츠

botas
부츠

pantuflas
슬리퍼

zapatillas
운동화

sandalias
샌들

zapatos
신발

botas de goma
고무 장화

ropa interior
팬티

corpiño
브래지어

chaleco
러닝 셔츠

body

바디

pantalones

바지

jeans

청바지

pollera

치마

blusa

블라우스

camisa

셔츠

pulóver

풀오버

buzo

후드티

blazer

블레이저

campera

자켓

tapado

외투

piloto

비옷

traje

의상

vestido

원피스

vestido de novia

웨딩 드레스

traje

양복

camisón

나이트가운

pijama

잠옷

sari

사리

pañuelo para cabeza

두건

turbante

터번

burka

부르카

caftán

카프탄

abaya

아바야

traje de baño

수영복

short de baño

수영바지

shorts

반바지

jogging

트레이닝복

delantal

앞치마

guantes

장갑

botón

단추

anteojos

안경

pulsera

팔찌

collar

목걸이

anillo

반지

aro

귀걸이

gorra

캡 모자

percha

옷걸이

sombrero

모자

corbata

넥타이

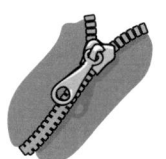

cierre

지퍼

casco

헬멧

tiradores

멜빵

uniforme escolar

교복

uniforme

유니폼

babero

턱받이

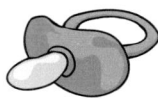

chupete

노리개 젖꼭지

pañal

기저귀

oficina
사무실

servidor
서버

archivero
서류 캐비닛

impresora
인쇄기

papel
종이

monitor
모니터

escritorio
책상

mouse
마우스

carpeta
폴더

teclado
자판기

tacho (de basura)
휴지통

silla
의자

computadora
컴퓨터

taza de café

커피잔

calculadora

계산기

internet

인터넷

oficina - 사무실

49

laptop

노트북

carta

편지

mensaje

메시지

celular

휴대전화

red

네트워크

fotocopiadora

복사기

software

소프트웨어

teléfono

전화

tomacorriente

플러그 소켓

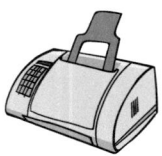

fax

팩시밀리

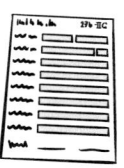

formulario

서식

documento

서류

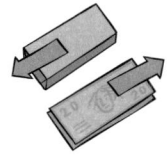

comprar

사다

pagar

지불하다

hacer negocios

거래하다

dinero

돈

dólar

달러

euro

유로

yen

엔

rublo

루벨

franco suizo

스위스 프랑

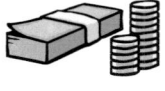

yuan

위안

rupia

루피

cajero automático

현금인출기

casa de cambio

환전소

oro

금

plata

은

petróleo

석유

energía

에너지

precio

가격

contrato

계약

impuesto

세금

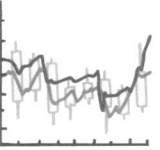

acción

주식

trabajar

일하다

empleado

근로자

empleador

고용주

fábrica

공장

negocio

상점

policía
경찰관

bombero
소방관

cocinero
요리사

médico
의사

piloto
조종사

jardinero

정원사

carpintero

목수

modista

수선공

juez

판사

farmacéutico

화학자

actor

배우

colectivero

버스운전사

taxista

택시 운전사

pescador

어부

mucama

청소부

techista

지붕 수리자

mozo

웨이터

cazador

사냥꾼

pintor

화가

panadero

제빵사

electricista

전기업자

albañil

건축업자

ingeniero

엔지니어

carnicero

정육점업자

plomero

배관업자

cartero

우편물 배달부

soldado

군인

arquitecto

건축가

cajero

계산원

florista

플로리스트

peluquero

미용사

cobrador

검표원

mecánico

정비사

capitán

선장

dentista

치과의사

científico

학자

rabino

유대교 라비

imán

이맘

monje

수도승

sacerdote

사제

herramientas
연장

martillo
망치
tenaza
펜치
destornillador
나사 드라이버
llave
렌치
linterna
손전등

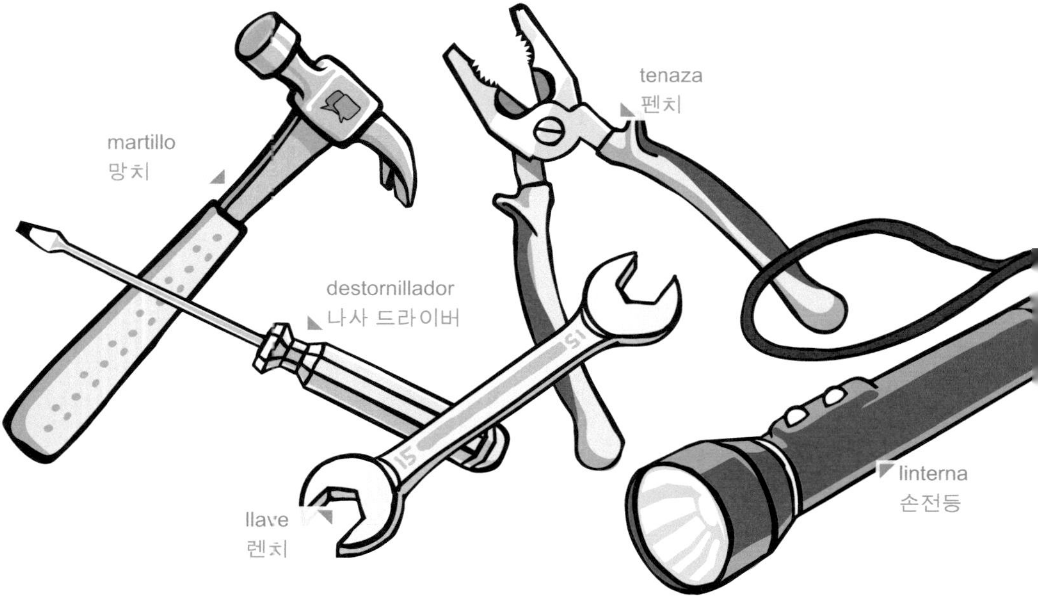

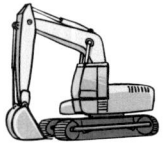

excavadora
굴삭기

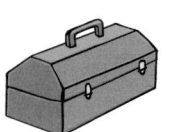

caja de herramientas
연장통

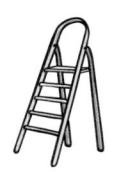

escalera portátil
사다리

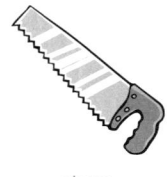

sierra
톱

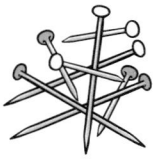

clavos
못

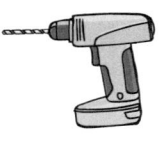

taladro
드릴

arreglar

수리하다

pala de jardín

삽

¡Qué bronca!

젠장!

pala de plástico

쓰레받기

tacho de pintura

페인트통

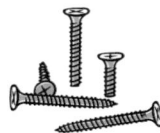

tornillos

나사

instrumentos musicales
악기

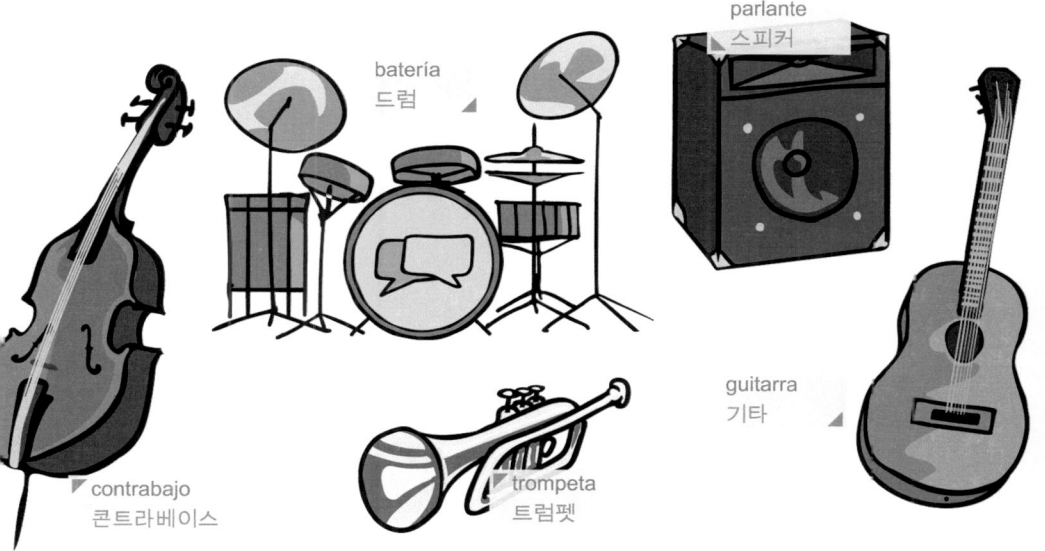

parlante
스피커

batería
드럼

guitarra
기타

contrabajo
콘트라베이스

trompeta
트럼펫

piano

피아노

violín

바이올린

bajo

베이스

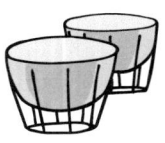

timbales

팀파니

tambor

북

teclado

키보드

saxofón

색소폰

flauta

플루트

micrófono

마이크

tigre
호랑이

entrada
입구

jaula
우리

cebra
얼룩말

alimento para animales
사료

oso panda
판다 곰

animales

동물

elefante

코끼리

canguro

캥거루

rinoceronte

코뿔소

gorila

고릴라

oso

곰

camello

낙타

avestruz

타조

león

사자

mono

원숭이

flamenco

홍학

loro

앵무새

oso polar

북극곰

pingüino

펭귄

tiburón

상어

pavo real

공작

serpiente

뱀

cocodrilo

악어

cuidador del zoológico

동물원 사육사

foca

물개

jaguar

재규어

poni

조랑말

leopardo

표범

hipopótamo

하마

jirafa

기린

águila

독수리

jabalí

맷돼지

pescado

생선

tortuga

거북이

morsa

바다코끼리

zorro

여우

gacela

영양

deportes

스포츠

fútbol americano
미식축구

ciclismo
자전거 경기

tenis
테니스

básquet
농구

natación
수영

boxeo
권투

hockey sobre hielo
아이스하키

fútbol
축구

bádminton
배드민턴

atletismo
육상 경기

handball
핸드볼

esquí
스키

polo
폴로

actividades
활동

saltar
뛰어오르다
abrazar
포옹하다
reír
웃다
caminar
걷다
cantar
노래하다
soñar
꿈꾸다
rezar
기도하다
besar
입맞추다

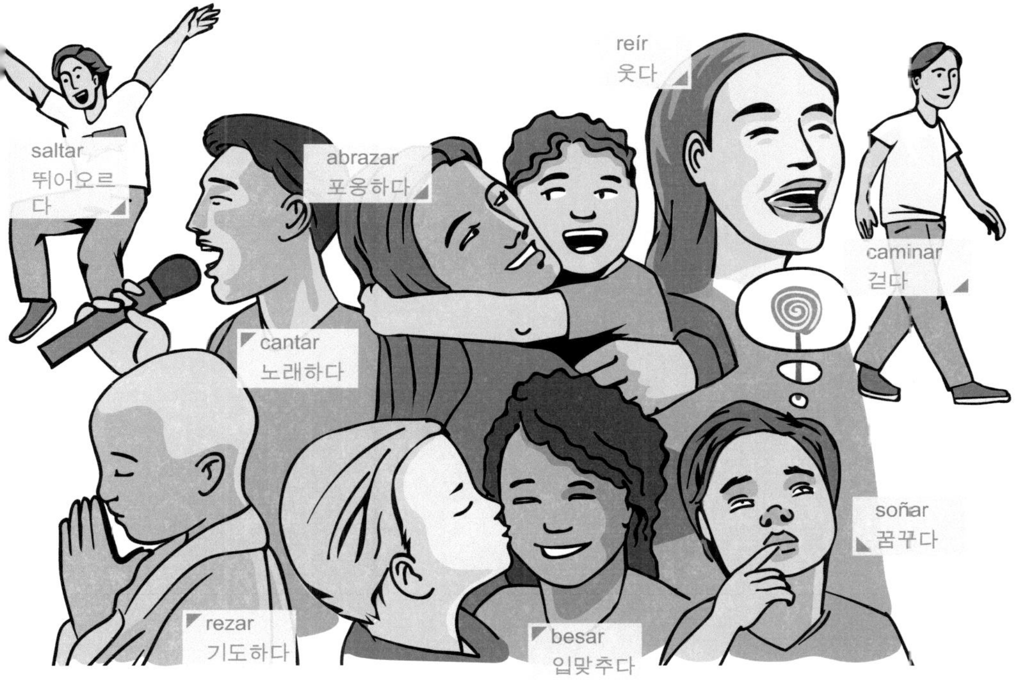

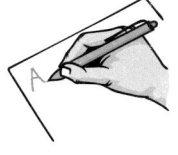

escribir

쓰다

dibujar

그리다

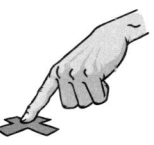

mostrar

보여주다

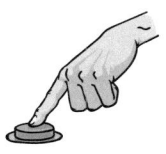

presionar

밀다

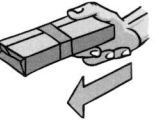

dar

주다

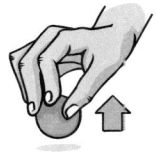

tomar

받다

tener

가지다

hacer

행하다

ser

...이다

estar parado

서있다

correr

뛰다

tirar

당기다

tirar

던지다

caer

떨어지다

estar acostado

누워있다

esperar

기다리다

llevar

운반하다

estar sentado

앉다

vestirse

옷을 입다

dormir

자다

despertar

깨다

mirar

보다

llorar

울다

acariciar

쓰다듬다

peinar

빗다

hablar

말하다

entender

이해하다

preguntar

묻다

escuchar

듣다

beber

마시다

comer

먹다

ordenar

정리하다

amar

사랑하다

cocinar

요리하다

manejar

주행하다

volar

날다

navegar

해항하다

calcular

계산하다

leer

읽다

aprender

배우다

trabajar

일하다

casarse

결혼하다

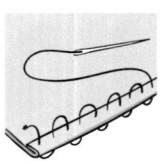

coser

바느질하다

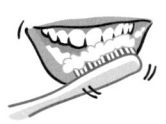

cepillarse los dientes

이를 닦다

matar

죽이다

fumar

담배 피우다

enviar

보내다

actividades - 활동

abuela
할머니

abuelo
할아버지

padre
아버지

madre
어머니

bebé
아기

hija
딸

hijo
아들

invitado

손님

tía

이모 / 고모

tío

삼촌

hermano

형제

hermana

자매

cuerpo
몸통

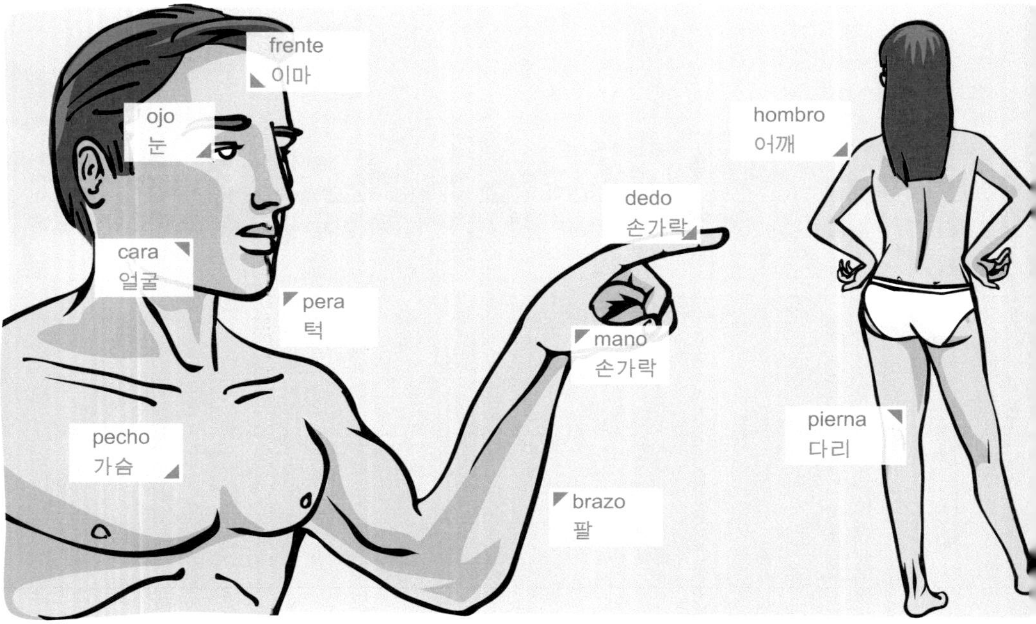

frente
이마

ojo
눈

cara
얼굴

pera
턱

pecho
가슴

dedo
손가락

mano
손가락

brazo
팔

hombro
어깨

pierna
다리

bebé
아기

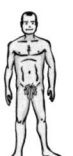
hombre
남자

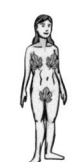
mujer
여자

nena
소녀

nene
소년

cabeza
머리카락

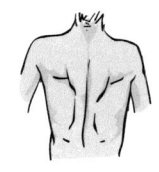

espalda

등

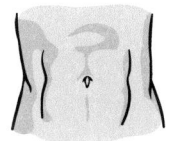

panza

배

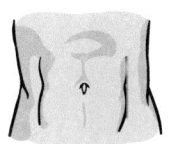

ombligo

배꼽

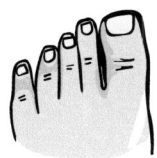

dedo del pie

발가락

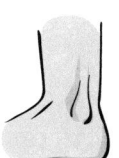

talón

발꿈치

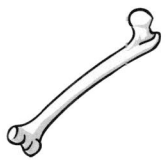

hueso

뼈

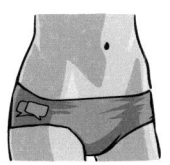

cadera

엉덩이

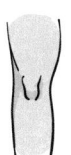

rodilla

무릎

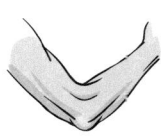

codo

팔꿈치

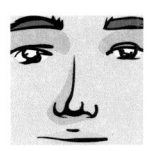

nariz

코

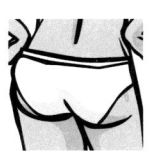

cola

둔부

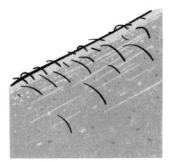

piel

피부

cachete

뺨

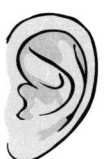

oreja

귀

labio

입술

boca

입

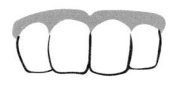

diente

치아

lengua

혀

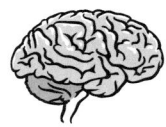

cerebro

뇌

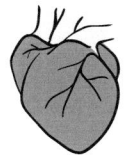

corazón

심장

músculo

근육

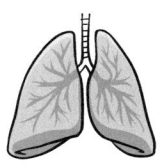

pulmón

허파

hígado

간

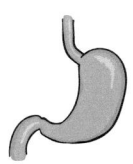

estómago

위

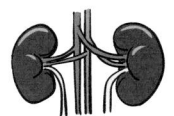

riñones

신장

sexo

성교

preservativo

콘돔

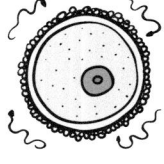

óvulo

난자

semen

정자

embarazo

임신

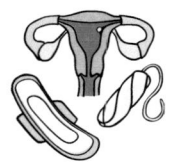

menstruación

월경

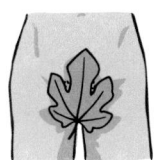

vagina

질

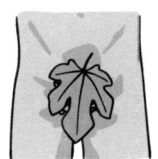

pene

음경

ceja

눈썹

pelo

머리카락

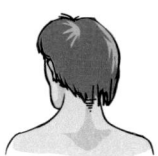

cuello

목

hospital
병원

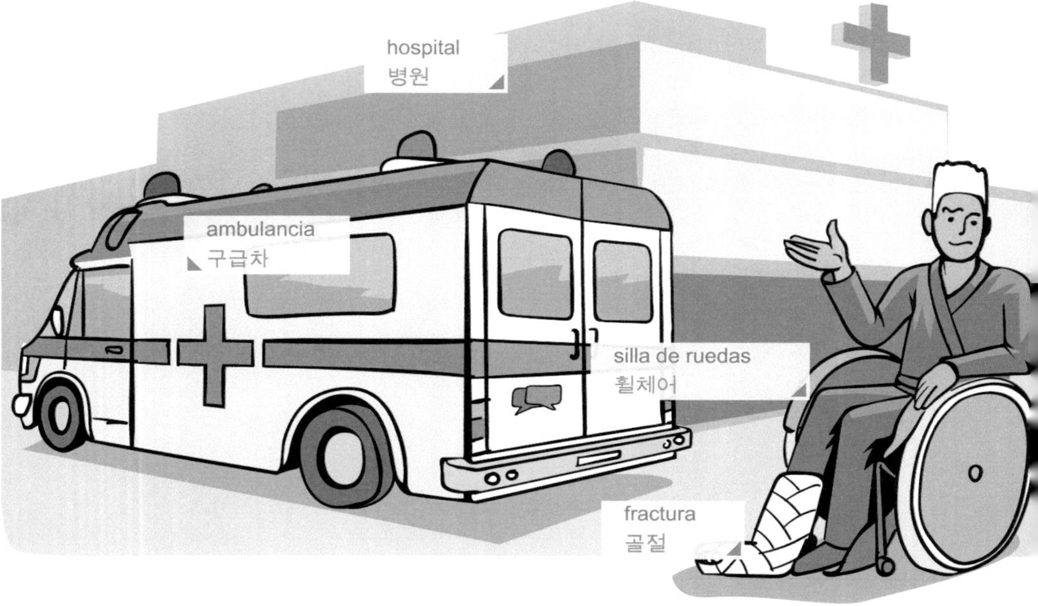

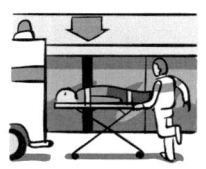

hospital
병원

ambulancia
구급차

silla de ruedas
휠체어

fractura
골절

médico
의사

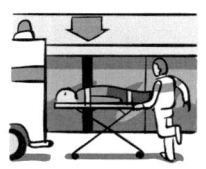

sala de guardia
응급실

enfermera
간호사

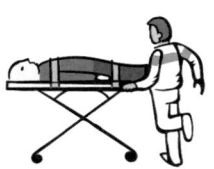

emergencia
응급상황

inconsciente
혼수상태

dolor
통증

lesión

부상

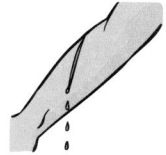

hemorragia

출혈

infarto

심장마비

ACV

뇌졸중

alergia

알러지

tos

기침

fiebre

열

gripe

독감

diarrea

설사

dolor de cabeza

두통

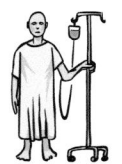

cáncer

암

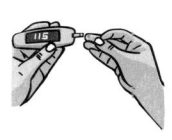

diabetes

당뇨병

cirujano

외과의

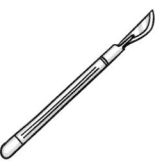

bisturí

수술용 메스

operación

수술

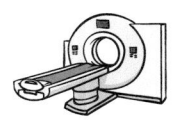

TC

CT

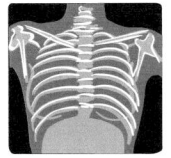

rayos x

엑스레이

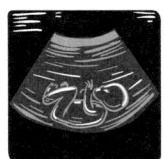

ecografía

초음파

barbijo

마스크

enfermedad

질병

sala de espera

대기실

muleta

목발

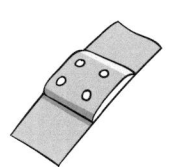

curita

반창고

venda

붕대

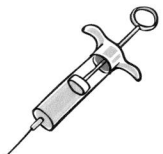

inyección

주사

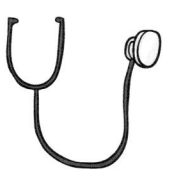

estetoscopio

청진기

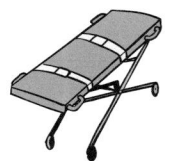

camilla

들것

termómetro

체온계

nacimiento

출생

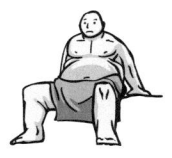

sobrepeso

과체중

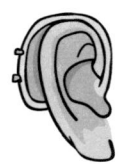

audífono

보청기

desinfectante

소독약

infección

감염

virus

바이러스

VIH / SIDA

HIV / AIDS

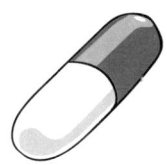

remedio

의학

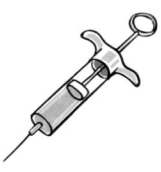

vacunación

예방접종

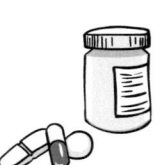

comprimidos

알약

pastilla anticonceptiva

알약

amada de emergencia

구급 전화

tensiómetro

혈압측정기

enfermo / sano

병든 / 건강한

alarma

경보음

agresión

폭행

¡Ayuda!

도와주세요!

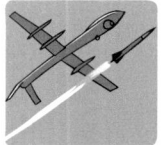

ataque

공격

peligro

위험

salida de emergencia

비상구

¡Fuego!

불이야!

matafuego

소화기

accidente

사고

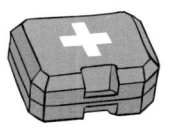

botiquín de primeros
auxilios

구급 상자

SOS

SOS

policía

경찰

Europa

유럽

América del Norte

북미

América del Sur

남미

África

아프리카

Asia

아시아

Australia

호주

Atlántico

북극

Pacífico

태평양

Océano Índico

인도양

Océano Antártico

남극해

Océano Ártico

북극해

polo norte

북극해

polo sur

남극해

Antártida

남극

Tierra

지구

tierra

육지

mar

바다

isla

섬

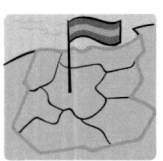

nación

국가

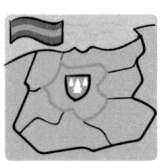

estado

주

esfera

시계 문자판

manecilla de las horas

시침

minutero

분침

segundero

초침

¿Qué hora es?

몇 시입니까?

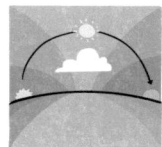

día

일

hora

시간

ahora

지금

reloj digital

디지털 시계

minuto

분

hora

시간

semana
주간

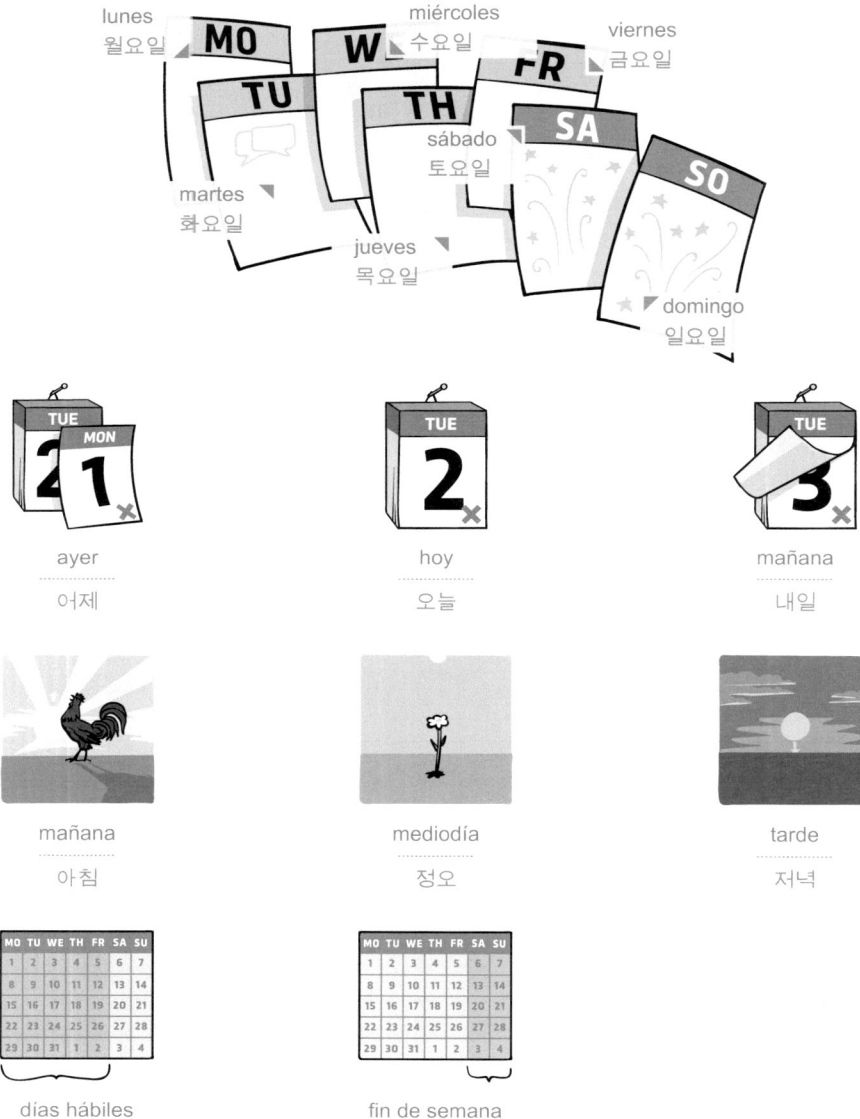

lunes 월요일
miércoles 수요일
viernes 금요일
martes 화요일
jueves 목요일
sábado 토요일
domingo 일요일

ayer
어제

hoy
오늘

mañana
내일

mañana
아침

mediodía
정오

tarde
저녁

días hábiles
근로일

fin de semana
주말

lluvia
▶ 비

arco iris
무지개 ◀

viento
바람

nieve
눈

primavera
봄

otoño
▶ 가을

verano
여름

invierno
겨울

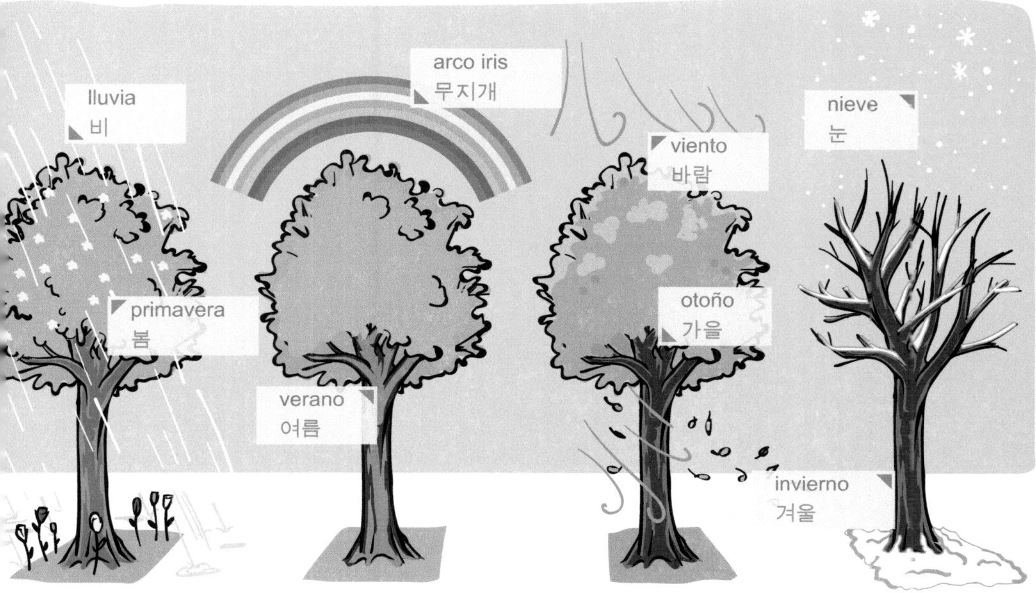

onóstico meteorológico

날씨 예보

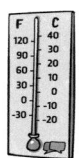

termómetro

온도계

luz del so

햇빛

nube

구름

niebla

안개

humedad

습도

rayo

번개

trueno

천둥

tormenta

폭풍

granizo

우박

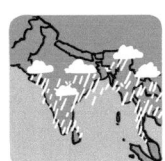

monzón

장마

inundación

홍수

hielo

얼음

enero

1월

febrero

2월

marzo

3월

abril

4월

mayo

5월

junio

6월

julio

7월

agosto

8월

septiembre

9월

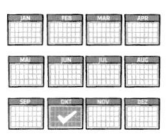

octubre

10월

noviembre

11월

diciembre

12월

formas
형태

círculo

원

cuadrado

정사각형

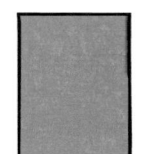

rectángulo

직사각형

triángulo

삼각형

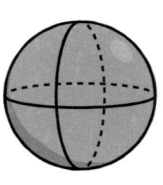

esfera

구

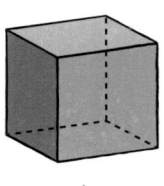

cubo

정사면체

colores
색

blanco

하양

amarillo

노랑

naranja

주황

rosa

분홍

rojo

빨강

violeta

보라

azul

파랑

verde

초록

marrón

갈색

gris

회색

negro

검정

mucho / poco

많은 / 적은

enojado / tranquilo

화난 / 차분한

lindo / feo

아름다운 / 추한

principio / fin

시작 / 끝

grande / chico

큰 / 작은

claro / oscuro

밝은 / 어두운

hermano / hermana

형제 / 자매

limpio / sucio

깨끗한 / 더러운

completo / incompleto

완전한 / 불완전한

día / noche

낮 / 밤

muerto / vivo

죽은 / 산

ancho / angosto

넓은 / 좁은

comestible / no comestible

삭용의 / 비식용의

malo / amable

불친절한 / 친절한

entusiasmado / aburrido

흥분된 / 지루한

gordo / flaco

뚱뚱한 / 마른

primero / último

처음으로 / 마지막으로

amigo / enemigo

친구 / 적

lleno / vacío

꽉 찬 / 텅 빈

duro / blando

딱딱한 / 부드러운

pesado / liviano

무거운 / 가벼운

hambre / sed

배고픔 / 목마름

enfermo / sano

병든 / 건강한

ilegal / legal

불법 / 합법

inteligente / estúpido

영리한 / 어리석은

izquierda / derecha

왼 / 오른

cerca / lejos

가까운 / 먼

nuevo / usado

새 / 헌

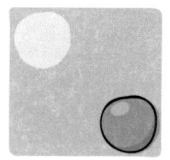

nada / algo

무 / 유

viejo / joven

늙은 / 젊은

encendido / apagado

온 / 오프

abierto / cerrado

열린 / 닫힌

silencioso / ruicoso

조용한 / 시끄러운

rico / pobre

부유한 / 가난한

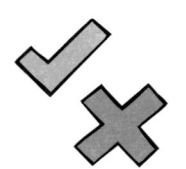

correcto / incorrecto

옳은 / 틀린

áspero / suave

거친 / 매끄러운

triste / contento

슬픈 / 기쁜

corto / largo

짧은 / 긴

lento / rápico

느린 / 빠른

mojado / seco

젖은 / 마른

caliente / frío

따뜻한 / 시원한

guerra / paz

전쟁 / 평화

números
숫자

0
cero
영

1
uno
하나

2
dos
둘

3
tres
셋

4
cuatro
넷

5
cinco
다섯

6
seis
여섯

7
siete
일곱

8
ocho
여덟

9
nueve
아홉

10
diez
열

11
once
열하나

12	**13**	**14**
doce	trece	catorce
열둘	열셋	열넷

15	**16**	**17**
quince	dieciséis	diecisiete
열다섯	열여섯	열일곱

18	**19**	**20**
dieciocho	diecinueve	veinte
열여덟	열아홉	스물

100	**1.000**	**1.000.000**
cien	mil	millón
백	천	백만

inglés

영어

inglés americano

미국식 영어

chino mandarín

중국어 만다린

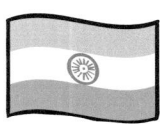

hindi

힌두어

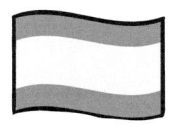

español

스페인어

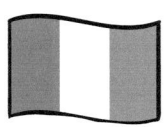

francés

프랑스어

árabe

아랍어

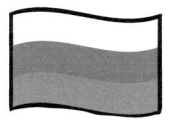

ruso

러시아어

portugués

포르투갈어

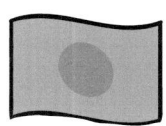

bengalí

불가리아어

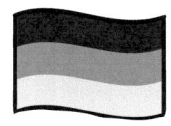

alemán

독일어

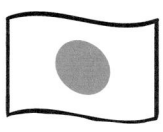

japonés

일본어

yo

나

vos

너

él / ella

그 / 그녀/ 그것

nosotros

우리

ustedes

너희들

ellos

그들

¿quién?

누가?

¿qué?

무엇이?

¿cómo?

어떻게?

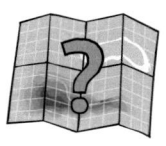

¿dónde?

어디서?

¿cuándo?

언제?

nombre

이름

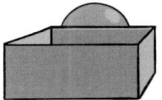

detrás

뒤에

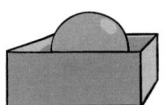

en

안에

adelante de

앞에

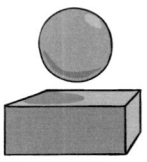

por encima de

위에

sobre

위에

debajo de

아래에

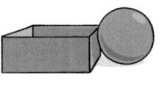

al lado de

옆에

entre

사이에

lugar

장소